# वर्किंग विमेंस हॉस्टल

और अन्य कविताएँ

# वर्किंग विमेंस हॉस्टल

## और अन्य कविताएँ

अनामिका

वाणी प्रकाशन

**वाणी प्रकाशन**

*4695, 21-ए, दरियागंज, नयी दिल्ली 110 002*

फ़ोन : +91 11 23273167 फ़ैक्स : +91 11 23275710

**शाखाएँ**

*अशोक राजपथ, पटना 800 004, बिहार*

*कॉफ़ी हाउस कैम्पस, महात्मा गाँधी मार्ग, इलाहाबाद 211 001, उत्तर प्रदेश*

*महात्मा गाँधी अन्तरराष्ट्रीय हिन्दी विश्वविद्यालय, वर्धा 442 001, महाराष्ट्र*

*सुल्तानिया रोड, मोतिया पार्क, भोपाल 462 001, मध्य प्रदेश*

www.vaniprakashan.com
marketing@vaniprakashan.in
sales@vaniprakashan.in

Working Women's Hostel Aur Anya Kavitayen
*by* Anamika

ISBN : 978-93-5518-248-7
Poetry Collection



प्रथम संस्करण 2022

मूल्य : ₹ 395



*आर. टेक ऑफ़सेट प्रिंटर्स, दिल्ली-110032 में मुद्रित*

*वाणी प्रकाशन का लोगो मक़बूल फ़िदा हुसेन की कूची से*

# अनामिका होने का मतलब

अनामिका 'माधुर्य' भाव की कवयित्री हैं।

वे स्त्रियों के शोषण, दमन, वेदनाएँ, सन्ताप और संचित दुखों को चालू 'रेडिकल' स्त्रीत्ववादियों की तरह किसी तेज़ाबी भाषा में नहीं कहतीं, बल्कि व्यंग्य–वक्र मिठास के साथ कहती हैं।

वे कविता को पुल्लिंगी सत्ता के ख़िलाफ़ किसी 'एफ.आई.आर.' की तरह दर्ज नहीं करतीं, बल्कि मीठा उलाहना देकर, उसकी ताक़त को ही व्यर्थ करती चलती हैं। इस मायने में वे मुझे 'भ्रमरगीत' की गोपियों की तरह 'उपालम्भ' को अपना अस्त्र बनाती लगती हैं जिस तरह सूर की गोपियाँ अपनी वक्रोक्तियों और उपालम्भों से उद्धव की सारी उद्धवता को निरस्त्र कर देती हैं उसी तरह अनामिका अपनी मीठी वक्रोक्तियों और उपालम्भों से पुल्लिंगी प्रतीकों को निरस्त्र करती चलती हैं।

हिन्दी में प्रचलित 'स्त्रीत्ववाद' पश्चिम की कुंजियों से नक़ल किया हुआ स्त्रीत्ववादी है जो अक्सर किसी दूसरी स्त्री का घर तोड़कर बनाया जाता है और अक्सर अपनी 'हेट' को 'रचना' की तरह पेश करता रहता है, जिसमें किसी संवाद की गुंजाइश नहीं रहने दी जाती।

इसके बरअक्स अनामिका की कविता का मुख्य सुर ही (संवादी) डायलॉजिकल है जो उनकी कविताओं में शुरू से आख़िर तक बना रहता है। उनकी स्त्रियाँ कहीं अपने आप से संवाद करती हैं तो कहीं दूसरों से संवाद करती हैं। वे झगड़ालू न होकर आत्मविश्वासी हैं। इसीलिए उनकी कविताएँ एकलिंगी बातचीत

करती हुई 'ख़ुश' कविताएँ हैं जिनमें बहुत सारी स्त्रियों के बहुत सारे स्वर बोलते रहते हैं। उनकी कविताओं की यही 'बहुस्वरता' उनकी कविताओं को उनके 'अन्यों' से अलग करती हैं!

उनकी कविताएँ अक्सर मम्मट के 'कान्तासम्मित उपदेश' की तरह प्यारे और मीठे तरीक़े से सिर्फ़ औरों को ही नहीं समझातीं बल्कि स्त्रियों को भी समझाती हैं कि ये वेदना और दुख न एक दिन में बने हैं न एक झटके में जाने हैं। वे अगर जाने हैं तो अपने 'अन्यों' से निरन्तर वक्र–मधुर संवाद के ज़रिये और उनके साथ–साथ ही जाने हैं!

वक्र–माधुर्य युक्त यह संवादात्मकता मनुष्य मात्र के प्रति गहरे अनुराग से उपजी है जो अपने 'अन्यों' के साथ सतत संवाद पर पूरा भरोसा करती है। इस मायने में अनामिका 'तोड़ने' की जगह 'जोड़ने–जुड़ने' की कवयित्री हैं और इसी मायने में वे मीरा और महादेवी के बाद की सबसे बड़ी कवयित्री हैं।

साहित्य अकादेमी ने उनको सम्मानित कर अपनी संवेदनशीलता को ही रेखांकित किया है!

–सुधीश पचौरी

# अनुक्रम

## भाषा-घर



## 'ध' से 'धरम' और 'धमाका'

## गगन में गैब निसार उरै



## देखी तुम्हारी दुनिया, साधो



## वर्किंग विमेंस हॉस्टल

# भाषा-घर

## भाषा

जिनके पास और कुछ नहीं होता,
उनके बटुए में
आशा होती है और भाषा भी–
भाषा यानी पुरखों की असीसी हुई
एक जादू की पुड़िया
जो वक़्त के हिसाब से
रूप बदल सकती है–
कुल्हाड़ी, खुरपी,
जंगल, दंगल,
गाँती, गँड़ासा–
कुछ भी हो सकती है!
कोई नाम पूछे तो कहती है तनकर–
'भुक्खड़, बेहंगम'
और धर्म पूछे तो टन्न बोलती है–
'विद्रोह!'

## दिल्ली : गली-मुहल्ले की वे औरतें : 1275

नाज़िर मियाँ की गरम पावरोटी से पूछना–
कैसे उठता है ख़मीर उजबुजाता हुआ
ख़ुसरो के मन में
    जब वे कहते हैं अनमेलिए!

एक पुरुख और लाखों नार,
जले पुरुख देखे संसार,
ख़ूब जले और हो जाये राख,
इन तिरियों की होवे साख!
हँसती थीं पनिहारिनें :
"ये तो हम बूझ गयी–ईंटों की भट्ठी,
और कुछ सुना दो!
पानी तो तभी मिलेगा जब हम हारेंगी।
सूख रहा है गला? कोई बात नहीं!
थोड़ा–सा और खेल लो!
खीर की बात कहो,
नहीं–नहीं, चरखे की,
ढोलकी की, नहीं कुत्ते की!
वो तो पहेली थी, थोड़े अनमेलिए कहो।
औरत का मान नहीं रखोगे?
पद्मिनी का मान रखा,

देवलरानी पर मसनवी लिखी,
पनिहारनों की भी बात रखो!''

''अच्छा सुनो–
खीर पकाई जतन से, चरखा दिया चलाय,
आया कुत्ता, खा गया, तू बैठी ढोल बजाय!
ला, पानी पिला!''
''अच्छा लो, पानी...
पिये बिना ही चल दिये–
पद्मिनी का नाम क्योंकर लिया!''

अब बुदबुदाते चले शून्य में ख़ुसरो,
''वो पद्मिनी और उसका भरोसा!
मान नहीं रख पाया उसका
वो पद्मिनी और उसका भरोसा।
उसका भरोसा जो उससे भी सुन्दर था...
'आप आये हैं तो जाऊँगी।'

आश्वस्त मैंने किया था–
ख़िलजी दर्पण में चेहरा देखकर लौट जायेगा।
मोड़ लेगा घोड़े वो हिनहिनाते हुए मन के!
युद्ध में हारे–थके ज़िद्दी लुटेरे
औरत की गोद में शरण चाहते हैं
जैसे पहाड़ की तराई या लहरों में,
पर उनको याद नहीं आता–
कि स्त्री चेतन है
उसके भीतर तैर पाने की योग्यता,
उसकी तराइयों–ऊँचाइयों में
रमण करने की योग्यता

हासिल करनी होती है धीरज से, श्रम से, संयम से!"
उसने यह कहा और चली गयी
निश्चिन्तता के सनातन महादुर्ग में
सिंहद्वार जिसका भरोसा...
पर ख़िलजी का वादा
ताश का क़िला निकला।
टूट गया सब्र, वायदा टूट गया,
टूट गया हर भरोसा...
धूँ-धूँ जली रानी,
मैं हुआ पानी-पानी!

तब से अब तक
राख ही तो बटोरता फिरता हूँ
    इधर-उधर
जैसे ख़ुद अपनी ख़ुदी को!
ख़ुद को ख़ुद ही बटोरता हूँ,
झोली में भरता हूँ ख़ुद को,
कन्धे पर रखता हूँ, चल देता हूँ,
ज़िन्दगी बढ़ ही रही है खरामा-खरामा!

हर देहली है चटाई,
हसरत है हवा की मिठाई,
गिरकर सँभल लेता हूँ,
ज़िन्दगी बढ़ ही रही है खरामा-खरामा!

पद्मिनी की राख उड़-उड़कर
पूछती है मुझसे-'कैसे हो?'
कैसा हूँ? क्या जाने कैसा हूँ!
वादाख़िलाफ़ी और मैं? हाँ, मैं ही।

ज़िम्मा तो मैंने लिया था।
कैफ़ियत मुझको ही देनी थी–
रूप और क़ब्ज़ा?

क्या क़ब्ज़े की चीज़ है चाँदनी!
गठरी में बँधती है धूप क्या कभी और ख़ुशबू?
ये कैसी सनक थी तुम्हारी,
ये कैसी बादशाहत?
ख़ुद को जो जीत सका, बादशाह तो वो ही,
जिसको न कुछ चाहिए, बादशाह वही!

औलिया से पूछो–
क्या होती है बादशाहत!
औलिया कुतुबनुमा हैं–
जो जहाज़ी रास्ते भूले–
भर आँख कुतुबनुमा देखे–
कुतुबनुमा–बूझो–बूझो–

बूझो पनिहारनो, बूझो–
'एक परिन्दा बेपाँव फिरे
सीने बीच बरछी धरे
जो कोई उससे पूछने जाये,
सबको सबकी राह दिखाये–'

पर औलिया के हुज़ूर में
प्रश्न ही हेरा जाते हैं–
जैसे हेराये थे
पद्मिनी की नाक के मोती!
उफ़, पद्मिनी!

प्रेम? हाँ, प्रेम ही था वह
पर उसमें क़ब्ज़े की आहट नहीं थी–
उसको भरोसा था निस्सीमता पर
जैसे कि रानी को मुझ पर,
वो मेरी शायरी से वाक़िफ़ थी।
और इस वाक़िफ़ियत के आसरे
उसने मुझसे पर्दा करने की ज़रूरत नहीं समझी।

मैं बुतपरस्त हो गया था पर उसी दिन–
इश्क़ का क़ाफ़िर!
प्रेम का रस पीकर
इस देह की नस–नस
हो गयी धागा
क़ाफ़िरों के ही जनेऊ का!

शायरी ने बहुत दिया–
सात बादशाहों की सोहबत,
और शाहों के शाह, औलिया का निज़ाम,
लूट–पाट, मार–काट की कचरापट्टी में
ऊँचा अमन का मचान
    बेफ़िक्र हँसता हुआ–
हवा से हवा को,
पानी से पानी को कैसे अलगाये कोई,
जाना ही होगा, निज़ाम पिया!
आयी अभी आयी!
'बहुत रही, बाबुल घर दुल्हन!
चले ही बनेगी, हीत कहा है,
    नैनन नीर बहाई!'

# 'ध' से 'धरम' और 'धमाका'

# धर्मचिन्तन बाई-बाई

गयी रात लौटा हूँ घर!
लौटा हूँ अजनबी के साथ सोकर
पी रखी है थोड़ी सी!
दरवाज़ा खोलते हुए माँ को भभका लगा होगा,
लेकिन माँ हो गयी है अब सयानी,
कुछ भी नहीं पूछती!
हादसों के इस शहर में
कितनी बड़ी नेमत है लौट आना भी
हाथ–पाँवों से सलामत!
माँ हरदम डरी हुई रहती है,
सीढ़ियों के नीचे आलने से घेरकर
उसने बना रखा है एक पूजाघर
कुर्सी पर दफ़्तर की साड़ी,
देह पर भीगी हुई मैक्सी,
और हाथ में दुर्गा सप्तशती!
जागरण ही जागरण है माँ की ज़िन्दगी में
रह–रहकर उचट गयी नींदें
थक्का–थक्का बहती रहती है उसकी नसों में,
नींद और जागरण के झुटपुटे में
   अद्‌भुत होती है उसकी पूजा–
'या देवी सर्वभूतेषु'–सविता, देखो, बेटी,

जल तो नहीं रही सब्ज़ी?
'निद्रारूपेण संस्थिता'–जागा पिंटू, उसे जगाओ,
स्कूल बस छूटेगी!
'नमस्तस्यै नमस्तस्यै'–फ़ोन बज रहा है, उठाओ तो,
मेरा होगा तो कह देना,
सीएल पर हूँ आज!
सिर दुख रहा है।
सिर दुखना अच्छा मुहावरा है
काली कमली है फत्तन ख़ाँ बाबा की–झाँप–तोप,
कहीं भी बिछा दो,
दिल दुख रहा है, कहे कोई कैसे
सर दुख रहा है, कहो!
'ऊँ जयन्ती काली–महाकाली'–
अख़बार वाले भैया, रुक लो!
"आती हूँ, कर लूँ हिसाब..."

बीच में ही रोककर पूजा,
कहती है अपनी उस आदिसखा शक्ति से
"अच्छा सुनो, देवि–
अब तुम ही मेरी प्रतीक्षा करो।
सदियों से बन्द पड़ी हो मूर्तियों में
अकड़ गयी होगी ये पीठ तुम्हारी
एक मुद्रा धारे–धारे;
कहो तो ज़रा मूव मल दूँ,
किसने कहा था कि खेलो तुम
इतनी मगन होकर स्टैचू–स्टैचू–
लेटो–लेटो, उधर करवट करो,
यह नस दबेगी तो होगा आराम!
बैठी–बैठी देखती रहना–

उफनाकर दूध नहीं गिर जाये,
और हाँ, सुनो, बाहर जा रहा है मेरा बेटा,
देखना कि घर लौट आये सलामत।"
इसी तरह सुबह–सुबह
घर से निकलता हूँ तो
बीजाक्षरों पर सवार
तैंतीस करोड़ देवताओं की पलटन
भेजती है माँ मेरे पीछे!
कभी–कभी जो रुकता हूँ ट्रैफ़िक लाइट पर,
सोचता हूँ हँसकर–
माँ के भेजे अंगरक्षक भी
क्या रुक गये होंगे साथ–साथ मेरे?
पूरब में ऐंट्री, अग्निकोण में अग्निशक्ति,
दक्षिण दिशा में वाराही,
नैऋत्य में खड्गधारिणी,
मालाधारी ललाट पर और भवों पर यशस्विनी,
यमघण्टा नासिका पर, और बाक़ी भी
इसी तरह तैनात कर देती है अम्मा
रोज़ सुबह रोम–रोम पर मेरे!
कल–परसों हुआ है जो विस्फोट–
उसमें कितने उड़ गये,
उनकी माँओं ने भी तो भेजी होगी
कोई देवपलटन उनके पीछे!
डगर–डगर बम फट रहे हैं,
घर–घर में गूँज रहे हैं रक्षा–स्तोत्र,
डर–अपडर ही धर्म का घर है
और उनका दुर्ग है
मजबूर माँओं के काँपते कलेजे!
एक तरफ़ तो बम फोड़ता है धरम,

और दूसरी ओर बाँधता है गण्डे–ताबीज़,
पढ़ता है रक्षा–स्तोत्र!
क्या धर्म जुड़वाँ हुआ था–
अपनी माँ के गर्भ से पैदा–
राम–श्याम, सीता और गीता,
जैकेल हाइड : एक भाई महानिरीह,
और एक खूँखार–सा, हिटलरी?
चलो खुल गयी ट्रैफ़िक लाइट,
धर्म–चिन्तन बाई–बाई!

## तलाशी

उन्होंने कहा–"हैंड्स अप!"
एक–एक अंग फोड़कर मेरा उन्होंने तलाशी ली!
मेरी तलाशी में क्या मिला उन्हें?
थोड़े–से सपने मिले और चाँद मिला
सिगरेट की पन्नी–भर!
माचिस–भर उम्मीद,
एक अधूरी चिट्ठी जो वे डीकोड नहीं कर पाये
क्योंकि वह सिन्धु घाटी सभ्यता के समय
मैंने लिखी थी
एक अभेद्य लिपि में
अपनी धरती को–
"हलो धरती, कहीं चलो धरती।
कोल्हू का बैल बने गोल–गोल घूमें हम कब तक?
आओ, अग्निबान बनकर अब छूटें हम
तिरछा ही–ग्रहपथ से दूर!"
फिर उन्होंने मेरी चिट्ठी मरोड़ी
और मुझे कोंच दिया काल–कोठरी में!
अपनी क़लम से लगातार
खोद रही हूँ तब से काल–कोठरी में सुरंग!
कहीं एक पत्थर हटा तो है, सूत–बराबर ही पर
कहीं एक रास्ता बना तो है–

कभी–कभी आती है उससे हल्की रोशनी,
कभी–कभी उस पार से
दौड़ी आती है हवा,
ओस–नहाई घास लाँघती हुई
बेटियाँ दौड़ती थीं जैसे
उन बापों की आहट पाते ही
जो कभी घर ही नहीं लौटे!
जब भी आती है हवा ऐसे
एक कनकनाहट–सी उठती है
कनपटी भेदती हुई–
मेरी चमड़ी मुझको पूरी नहीं पड़ती!

## विस्फोट

पहला बम फोड़ती है हरदम भाषा ही
उँगली उठाकर,
उँगली जो एक सामने वाले पर उठती है
तो चार अपनी तरफ़!
भाषा की अलग–अलग जेबों में
अलग–अलग पॉकेट बम–
विस्फोट अर्थों–अनर्थों का
टुकुर–टुकुर देख रहे हैं शब्द सारे
सब–कुछ है धुआँ–धुआँ!
ज़िन्दगी फिर पढ़ रही है ककहरा!
याद आ रहे हैं आइंसटीन–
तीसरा युद्ध जो हुआ तो चौथा
पाषाण युग के हथियारों से ही
लड़ा जायेगा!

विस्फोट के ऐन मिनट पहले
किसी ने वादा किया था,
ज़िन्दगी का वादा!
घास की सादगी
हृदय की पूरी सच्चाई से
खायी थीं साथ–साथ जीने और मरने की क़समें!

विस्फोट के ऐन एक मिनट पहले
किसी ने चूमा था नवजात का माथा!
विस्फोट के ऐन मिनट पहले कोई सत्यकाम
जीता था सर्वोच्च न्यायालय से
लोकहित का कोई मुक़द्दमा
तीस बरस के अनुपम धीरज के बाद!
पहला ही नम्बर घुमाया था
विस्फोट से ऐन एक मिनट पहले!
विस्फोट से ऐन एक मिनट पहले
नालन्दा पुस्तकालय की
जली हुई चौखट पर
बुद्ध से मिली आम्रपाली–
'हे भन्ते,
नहीं जानती,
मेरे जीवन का हासिल क्या!
जीने की तैयारी में
सारी ज़िन्दगी गयी!
मेरे सगे थे वही जिनकी मैं सगी न हुई
मेरे वे सारे सम्बन्ध
जो बन ही नहीं पाये,
वे मुलाक़ातें जो हुईं ही नहीं,
वे रस्ते जो मुझसे छूट गये
या मैंने छोड़ दिये,
उढ़के दरवाज़े जो खोले नहीं मैंने
शब्द जो उचारे नहीं
और प्रस्ताव जो विचारे नहीं–
मेरे सगे थे वही
जिनकी मैं सगी न हुई!
रोज़ आधी रात को

फूलती है जब कुमुदिनी
मेरी हताहत शिराओं में
तो टूट जाती है नींद!
एक पक्षी चीख़ता है कहीं विरहदग्ध!
आसमान भी किसी आहत जटायु–सा
बस गिरना ही चाहता है
मेरे कन्धों पर
और हृदय में उमड़ता है सन्नाटा
प्रलय मेघ–सा!
कब तक चलेगा भला ऐसा?
क्या है उपाय शान्ति का
बाहर या भीतर हृदय के हृदय में?
कैसे सधे मैत्री
मदिर मौन से शब्द की,
श्यामविवर वाले स्तम्भन से
मौन की महाप्राण यतिगति की,
प्रकृति से विकृति की,
आकाश से धरती की मैत्री
दुख के दारुण दावानल से
सुख–स्वप्न की झींसियों की,
    आग से पानी की
    कैसे सधे मैत्री–
    जो इतने दिन नहीं सधी,
कैसे मानें कि सधेगी ही!
कुछ कहा था बुद्ध ने फिर से
कानों के कान में नहीं
विस्फोट के ऐन एक मिनट पहले!

## मशीनी अनुवाद

अपनी सारी खिड़कियाँ खोले
दाढ़ी खुजलाता है कम्प्यूटर–
"कविता का कैसे अनुवाद
मैं करूँ, हे ईश्वर!
शब्द नहीं हैं!
महामौन की वल्लरी से घिरे
ये हैं पुराने दरख़्त।
मैं इनकी हरियाली
बाँचूँ तो कैसे?
किसी शब्दकोश में नहीं मिलते
इनके निहितार्थ,
मिलते हैं पोखर पर
जाड़े की धूप–से खिले।
बिल्लौरी पत्तों के पार देखने से
विपस्यना में डूबे लगते हैं, ये!
कैसे मैं भंग करूँ इनकी विपस्यना।"
देख रही हूँ, आदमी की संगत में
आदमी ही हुए जाते हो,
बाबू कम्प्यूटर!

कर लोगे तब तो किसी दिन तुम
कविता का अनुवाद भी, मिस्टर
यदि यह विनय बना रहे,
बना रहे लज्जा, समर्पण
और धीरज
कोई ज़बर्दस्ती नहीं, खींच–तान नहीं।
'दिल में दे इश्क़ को जगह, अकबर,
इल्म से शायरी नहीं आती'
यह बात शायरी पर जितनी लागू है–
अनुवाद पर भी!

‘जीवन जनम-मरन का फेरा’

## निंदिया का एक द्वीप रच दूँ

*एक लोरी गीत : गर्भस्थ शिशु के लिए*

एक महास्वप्न की तरह, मेरी बेटी,
तू जागती है सारी रात,
भीतर के पानियों में
मारती केहुनी।
बतिया खीरे–जैसे
लोचदार पाँवों से,
साइकिल चलाती हुई
जाना कहाँ चाहती है?
क्या मेरी बाँहों में आने की जल्दी है?
ये तेरी अम्मा तो पहले ही चल दी है–
पगलाई–सी तेरी ओर!
अपने से अपने तक की यात्रा, बेटी,
होती है कैसी अछोर, जानती है न?
आ इस महाजागरण के समन्दर में
निंदिया का एक द्वीप रच दूँ मैं
तेरे लिए,
इन्द्रधनुष का टाँग दूँ मैं चँदोवा।

धूप में झमकती हुई बूँदें
रचती चलें बन्दनवार,
जोगी हरदम ही रहे तेरे द्वार
और लोकमंगल के झिलमिल स्पन्दन सब
भरे रहें तेरा घर–बार!

## आधा अँधेरा है, आधा उजाला है

*एक लोरी गीत : गर्भस्थ शिशु के लिए*

आधा अँधेरा है, आधा उजाला है
इस प्रसन्न वेला में
रह–रहकर उठती है
एक हरी मितली–सी,
रक्त के समन्दर से लाना है अमृतकलश!
मेरी इन साँसों से
काँप–काँप उठते हैं जंगल,
दो–दो दिल धड़क रहे हैं मुझमें
चार–चार होंठों से पी रही हूँ मैं समन्दर!
चूस रही हूँ एक मीठी बसन्ती बयार
चार–चार होंठों से!
चार--चार आँखों से कर रही हूँ आँखें चार मैं
महाकाल से!
थरथरा उठे हैं मेरे आवेग से सब परबत
ठेल दिया है अपने पैरों से
एक तरफ़ मैंने उन्हें!
यह प्रसव–वेला है, सोना मत,
इन्द्रधनुष के सात रंगों से
है यह बिछौना सौना–मौना।
जनम रहा है जैसे मेरे पातालों से

एक नया आसमान!
अभी सोना मत!
बस, बेटी बस, थोड़ी देर सबर!
फिर मैं निंदिया के महाजल में
डुबकियाँ लगा दूँगी तुझको ख़ुद,
दुधुवा पिलाके सुला दूँगी तुझको ख़ुद!
जनमतुआ चानी पर छपकूँगी
अँजुरी–भर तेल!
गुजुर–गुजुर आँखों में आँजूँगी
दुनिया के सारे अँधेरे!
लोरी गायेंगी दिशायें तब
'आरे आव, पारे आव
नदिया किनारे आव,
सोने के कटोरिया में
दूध–भात ले ले आव।
बबुआ के मुँहवा में घुटूक!'

# कोख

महाकाल, सृष्टि का नौवाँ महीना है
मेरे भीतर कुछ चल रहा है
षड्यन्त्र नहीं, तन्त्र–मन्त्र नहीं,
लेकिन चल रहा है लगातार!
बढ़ रहा है भीतर–भीतर
जैसे बढ़ती है नदी सब मुहानों के पार!
घर नहीं, दीवार नहीं और छत भी नहीं
लेकिन कुछ ढह रहा है भीतर :
जैसे नयी ईंट की धमक से
मानो ख़ुशी में
भहर जाता है खँडहर!
देखो, यहाँ...बिल्कुल यहाँ
नाभि के बीचों–बीच
उठते और गिरते हथौड़ों के नीचे
लगातार जैसे कुछ ढल रहा है
लोहे के एक पिण्ड–सा
थोड़ा–सा ठोस और थोड़ा तरल
कुछ नया और कुछ एकदम प्राचीन
पल रहा है मेरे भीतर,
मेरे भीतर कुछ चल रहा है
दो–दो दिल धड़क रहे हैं मुझमें,

चार–चार आँखों से
कर रही हूँ आँखें चार मैं
महाकाल से!
थरथरा उठे हैं मेरे आवेग से सब पर्वत,
ठेल दिया है उनको पैरों से
एक तरफ़ मैंने!
मेरी उसाँसों से काँप–काँप उठते हैं जंगल!
इन्द्रधनुष के सात रंगों से
है यह बिछौना सौना–मौना!
जनम ले रहा है एक नया पुरुष
मेरे पातालों से–
नया पुरुष जो कि अतिपुरुष नहीं होगा–
क्रोध और कामना के अतिरेकी पेचिश से पीड़ित,
स्वस्थ होंगी धमनियाँ उसकी
और दृष्टि सम्यक्–
अतिरेकी पुरुषों की भाषा नहीं बोलेगा–
स्नेह–सम्मान–विरत चूमा–चाटी वाली भाषा,
बन्दूक–बम–थप्पड़–घुड़की–लाठी वाली भाषा,
मेरे इन उन्नत पहाड़ों से
फूटेगी जब दुधैली रौशनी,
यह पियेगा!
अँधियारा इस जग का
अंजन बन इसकी आँखों में सजेगा,
झूलेगी अब पूरी कायनात झूले–सी
फिर धीरे–धीरे खड़ा होगा नया पुरुष–
प्रज्ञा से शासित संबुद्ध अनुकूलित,
प्रज्ञा का प्यारा भरतार,
प्रज्ञा को सोती हुई छोड़कर जंगल
इस बार लेकिन वह नहीं जायेगा।

# नया वर्ष

अटट ठण्ड है, बाबा!
बत्तखों के रोओं पर कीचड़ सिहरती है!
नये साल का पहला अख़बार
साइकिल के कैरियर पर समेटे हुए,
कोहरे की गाँती कसके लपेटे हुए
बेमन से निकला है सूरज!

चलो, गनीमत है कि निकला तो!
राहतें आती हैं ज़िन्दगी में ऐसे ही
थके हुए क़दमों से चलकर
जैसे कि दंगे में मरे हुए लोगों के घर आता है
सरकारी मुआवज़ा
अपनी बगलें झाँकता,
नाकाफ़ियत पर शर्मिन्दा।

## समय

समय बह रहा था हहारता हुआ
प्लेटफ़ॉर्म के ढीले नलके से गन्दे गटर में,
उपटा रहा है थक्का–थक्का
बेरोकटोक!
और अब समय ही नहीं है
संडास के नीचे के नल में।
साहब, रिश्तेदारों, अभिन्न मित्रों के पास,
मन्त्रियों के ट्रैवल किट में
बिसलरी बोतल में बन्द पड़ा है समय
फ्रिज के बाहर आकर पसीना–पसीना!
चुहचुहा आयी हैं बूँदें सतह पर
कृपापूर्वक,
चाट रही है तलवे बूँदों की तेज़ हवा
विनयपूर्वक!
समय नहीं है ज़्यादा
रोगी को, भोगी को,
                योगी को लेकिन समय ही समय है–
    प्रवचन का आठ बजे
    प्रहसन का पौने नौ
    अड़चन का साढ़े दस

भोजन का, खुरचन का, मीटिंग का, चीटिंग का
समय ही समय!
थोड़ा समय मेरी ड्रिप में बचा है
टपक रहा है बूँद–बूँद,
उल्टी लटकी है ड्रिप की बोतल,
सरकारी अस्पताल की इस तिपाई पर!
एक बूँद उतरा रही है समय की सतह पर,
कुछ बुलबुले बन रहे हैं–
ये हम हैं क्या?
मैं, तुम और दुनिया!
एक घूँट दे दो समय!

# ऊधौ, कौन देस के बासी

ऊधौ, कौन देस के बासी?
कौन देस के बासी पाखी–
पार–पत्र के बिना उड़े जो
हरदम सीमा–पार?
कैसे कोई कार्ड बनायें?
किस ज़मीन का पता बतायें
जिसके पाँव–तले ज़मीन ही
खिसकी बारम्बार?
पंक्ति–पंक्ति में गुँथे जहाँ हों...
तत्सम, देशज, तुर्की, अरबी
किसको देशनिकाला दे
उस भाषा का संसार?
जैसे ब्रिटिश राज की साँसत
निपटी थी हमने मिल–जुलकर
दहशत–गुरबत निपटेंगे हम
मिलकर फिर इस बार!
कल तक जिसके घर ही खेले,
झेले सारे साथ झमेले,
उसकी आँखों में अब क्यों हैं
संशय के आसार?

चौराहे के हनुमत बाबा,
कैसे दूर करें ये बाधा
क्या सबूत दें साझेपन का
अपना सीना फाड़?

*(सन्दर्भ : सिटिजनशिप अमेंडमेंट बिल)*

# गगन में गैब निसान उरै

## दुश्मन

मेरे दुश्मन सिर्फ़ मेरे हैं, और किसी के नहीं!
सन्तोष धन और विद्या धन की तरह
सदा के लिए अपने–
कोई इन्हें चुरा नहीं सकता, पटा नहीं सकता इन्हें।
दोस्तों से भी वफ़ादार,
एक मिनट अकेला नहीं छोड़ते!
रहते हैं बिनु काज ही दायें–बायें!
मुझसे भी ज़्यादा मुझे जानते हैं ये ऐसे कि
जासूस फैले हैं इनके
स्वर्ग की सीढ़ियों से
नर्क के गटर तक, सब खिड़कियाँ खुली हैं इनकी,
जाम सिर्फ़ मन का दरवाज़ा,
आँख–कान पूरे खुले!
रह–रहकर रिफ्रेशर–कोर्स किया करते हैं
ये दुश्मनी का,
बुझने नहीं देते जी की लगी ये कभी!

भित्ति–चित्रों में अजन्ता के एक चित्र–
आईना दिखाती खड़ी है सहेली
शृंगाररता को!
मेरी ऐसी ही सहेली हैं ये मेरे दुश्मन

मुझको आईना दिखाते हैं ये!
कर देते हैं नाक में मेरे दम
यदि मेरा काजल ज़रा पसरे!
लोग मुझे मारते हैं ताना
लगातार मेरे ही बारे में सोचते हुए
दीखने लगे हैं ये मुझ–से!

घर मेरा सबसे कमज़ोर दुश्मन है!
खोबता रहता है, खुलकर नहीं खेलता!
मेरे असल दुश्मन
पीछे से वार नहीं करते!
साफ़ देते हैं गदहपटका!

एक दिन मैंने बैठे–बैठे
उन्हें उँगलियों पर गिना!
सोचा–विचारा, हिसाब किया,
दंग रह गयी देखकर–
कनिष्ठाकाधीक्षित यानी नम्बर वन कालिदास थे,
    कानी उँगली के पड़ोस में खड़ी
    अनामिका इसीलिए सार्थवती
    मानी गयी कि कालिदास उसके पड़ोसी थे!
दायें–बायें जो खड़े थे हमेशा, आख़िर तो वे भी सत्संगी थे!

# ओढ़नी

मैट्रिक के इम्तिहान के बाद
सीखी थी दुल्हन ने फुलकारी!
दहेज की चादरों पर
माँ ने कढ़वाये थे
तरह–तरह के बेल–बूटे,
तकिये के खोलों पर 'गुडलक' कढ़वाया था!
कौन माँ नहीं जानती जी, ज़रूरत
दुनिया में 'गुडलक' की!

और उसके बाद?
एक था राजा, एक थी रानी
और एक थी ओढ़नी–
लाल ओढ़नी फूलदार!

और उसके बाद?
एक था राजा, एक थी रानी
और एक ख़तम कहानी!
दुल्हन की कटी–फटी पेशानी
और ओढ़नी ख़ूनम–ख़ून!

अपने वजूद की माटी से
धोती थी रोज़ इसे दुल्हन
और गोदी में बिछाकर सुखाती थी
सोचती–सी यह चुपचाप–
तार–तार इस ओढ़नी से
क्या वह कभी पोंछ पायेगी
खूँखार चेहरों की क्रूरता
और मैल दिलों का?

घर का, न घाट का–
उसका दुपट्टा
लहराता था आसमानों पर–
'गगन में गैब निसान उरै' की धुन पर–
आहिस्ता–आहिस्ता!

# पुराने दोस्त

वे आपके भीतर के ऊन में रहते हैं–
नेप्थलीन की टिकिया बनकर!
चिट्ठी नहीं आती उनकी कभी, फ़ोन भी नहीं
लेकिन
टेलीफ़ोन की डायरी में
सबसे ऊपर लिखते हैं
वे सुन्दर हर्फ़ों में
आपका पता
हरी रोशनाई से,
हरी रोशनाई से जैसे लिखा होगा
ख़ुदा ने वजूद कभी पेड़ों का!

बच्चों को जब–तब सुनाते हैं
वे आपकी सूफ़ियाना वफ़ादारी,
खुद्दारी, बेख़ुदी के क़िस्से
क़िस्से जो कभी–कभी सच भी नहीं होते,
और भला कौन माई का लाल
कह सकता है आख़िर झूठ इन्हें!
क़िस्से कि जैसे–आप इतने कल्पनाशील थे
कि हाथों पर बॉलपेन से
फूल बनाकर सूँघ लेते थे!

खट्टे–मीठे झूठे–सच्चे कुछ क़िस्से
घुलते ही हैं मुँह में हम सबके–
बनकर लेमनचूस चन्दा मामावाली!
कभी–कभी कहते हैं जीवनसाथी से–
एक वही, एक वही है
जो मुझको करेगा हताश नहीं,
इस बार जाता हूँ उससे ही माँगने
मदद! लेकिन फिर अज्ञात भय से
वे लौटा देते हैं
आपके शहर का टिकट,
कहते हैं घर आकर
'इन्तज़ाम हो ही गया!'
इस तरह से वे बचाकर
रखते हैं विश्वास
जैसे कि चाँदी का
एक सगुनिया रुपय्या
रखती थी बचा–बचाकर दादी
चवन्नियों–अठन्नियों की
आनी–जानी माया के बीच!

हाँ, पुराने दोस्त आपके भीतर के
ऊन में रहते हैं
फ़िनायल की टिकिया बनकर!

# देखी तुम्हारी दुनिया, साधो

## दायम तेरे दर पे

सभागार की
यह पुरानी दरी
ग़ालिब के
किसी शेर के साथ
बुनी गयी होगी–
कम–से–कम
दो शताब्दी पहले।

'दर' का 'दरी' से
होगा ज़रूर
कोई रिश्ता
'दायम पड़ा हुआ
तेरे दर पर
नहीं हूँ मैं'
बेचारी दरी।
कह नहीं सकती।

जूते–चप्पल झेलकर भी
हरदम सजदे में बिछी
धूल फाँकती सदियों की
मसक गयी है ये ज़रा–सी!

जब खिंच जाती है
सभा लम्बी
(राकस की टीक की तरह)
धीरे से भरती है
शिष्ट दरी
नन्ही–मुन्नी एक
अचकचाती–सी
उबासी!
पुराने अदब का इतना लिहाज़ है उसे,
खाँसती भी है तो धीरे से,
किसी पुराने चश्मे के काँच–सी धुँधली,
किसी गंदुमी शाम–सी धूसर
सभागार की यह पुरानी दरी!

नयी–नयी माँओं को
जब पढ़ने होते हैं
सेमिनार में पर्चे,
पीली–सी साटन की फलिया पर
छोड़ जाती हैं ये बच्चे
सभागार की इस
दादी दरी के भरोसे!

## मेकअप-मैन

इतने रहमदिल थे शौकत अली,
भागे भी तो अपनी महबूबा के
चार–चार बच्चों के साथ
और उसके बाद उसके शौहर को चिट्ठी लिखी
"माफ़ कर दें, जनाब!
आप अपना ख़्याल रखें,
मैं इनकी देख–भाल ठीक ही करूँगा!
आप इनका हलवा टाइट रखते थे!
ज़ाहिर है, आप भी ख़ुश तो नहीं थे।
अब ख़ुश रहें
और किसी चीज़ की ज़रूरत हो तो
हमें इत्तिला करें।"
दूरदर्शन में मेकअप–मैन थे!
आजिज़ जब हद से ज़्यादा हो जाते थे,
मेकअप करते–करते
तो हाथ रख लेते थे सर पर
और बुदबुदाते थे–
"कुदरत भी हद करती है कभी–कभी!
दुनिया की आर्ट–गैलरी में
टाँग दिये हैं उसने ज़्यादातर चेहरे
अपनी रफ़ कॉपी से सीधा उठाकर।

गनीमत यह है कि
हर आँके–बाँके चेहरे के पीछे
रख दी है उसने
मेकअप की कूची भी।''
'मेकअप की कूची?'
पहली दफ़ा जो भी सुनता, वह चौंकता!
''हाँ, इसको और क्या कहें,
कि कुछ तो हर आदमी में होता है ही
प्यार करने लायक,
वो ही कर देता है
सब मेकअप–''
हँसकर वो कहते...
इन दिनों लेकिन वे कुछ भी नहीं बोलते,
रेडियो के आगे
सर झुकाकर बैठे
चुपचाप सुनते रहते हैं
फ़सादात के क़िस्से
और बुदबुदाते हैं कभी–कभी बस इतना–
'मेकअप नहीं होतीं इतिहास की भूलें',
'मेकअप नहीं होती दिल की लगी।'
इन्दिरा गाँधी का मेकअप उन्होंने किया था कभी!
इस बात की झुरझुरी उनमें
आपात्काल घोषित
होने के दिन तक
बनी रही!
उस समय भी
कुछ महीने

लग गया था गलाबखोर
उनसे कुछ बोला न जाए,
बस टुकुर–टुकुर ताकें!
कई महीने बाद एक रोज़ वे बुदबुदाये–
"ये ही सब जब होना था हिन्दुस्ताँ में भी,
बेकार ही छोड़ी अपनी रावलपिण्डी!"

## पचास बरस

आलने पर टाँगकर
उम्र के पचास बरस
उसने देखा आईना।
उसे पता था–
अब नहीं ठिठकेंगे जहाज़ों के दस्ते
यह चेहरा देखकर!
फिर भी वह हँसी,
कि हँसने का माकूल समय
तभी होता है
जब धीरे–धीरे उतर जाते हैं
चेहरों से चेहरे

और डूबते सूर्य की
निष्पाप ताँबई कान्ति में
अनजाने लगते हैं चिरपरिचित,
चिरपरिचित लगते हैं अनजाने!
हँसकर उसने अपनी
परछाइयाँ समेटीं
और चटाई पर
देर तलक सोयी
दीवार से सटकर।

इतना तो वह जानती थी–
ठण्डी से ठण्डी
और सपाट से सपाट दीवार
ठीक–ठाक ही
निभा देती है दोस्ती
और दर्ज कर लेती है धीरे–धीरे
मन्द कँपकँपाहट
आपकी नसों से गुज़रती हुई ट्रेन की
रात–भर देती है दीवार
जगी हुई आँखों की ओट!
कभी–कभी नीम रोशनी में
देखा है उसने
दीवार का हर चकत्ता
बन जाता है कैसे जादू से
माँ का चेहरा।
दीवारों के कान भी होते हैं।
उन कानों में वह भरेगी
तरह–तरह के क़िस्से :
भूतों के, परियों के।
वह भी नहीं तो वह बैठेगी
ख़ुद अपने साथ,
स्वास्थ्य बोर्ड की यही सिफ़ारिश है।
दस–आठ हफ़्तों पर दौड़ जाइए सबसे दूर।
बन जाइए एक काला पहाड़–पेड़
और पेड़ के नीचे छोटी चटाई।
वह अपने भीतर ही
पैदा करेगी यह सब कुछ,

और गिरे पत्तों पर लिखेगी
खुद अपने नाम एक चिट्ठी
वह भी नहीं तो
घर बैठे–बैठे ही कभी–कभी
रात दस बजे बाद
चाँद का चोंगा उठाकर
चौथाई ख़र्चे में कर लेगी
एक ट्रंक–कॉल
अपने वजूद को।
उससे तो बातचीत
कितने दिनों की
पड़ी है अधूरी।

## घड़ियाँ

ऊँघ रहा है घड़ीसाज़,
गड़बड़ है छन्द हर घड़ी–का!
किसी घड़ी में
बजा है सात पैंतालीस,
किसी में सवा आठ
और ठीक से देखें तो सबके बजे पड़े हैं बारह!
छन्द ही नहीं मिलता
किसी की घड़ी से
किसी की घड़ी का।
एक घड़ी चमक रही है
बिलक्लिंटन की कलाई पर।
इस घड़ी के नग में
नाच रही है दुनिया
सिंड्रेला की जूती–सी।
अपनी जगह से खिसककर
कविताओं में आ गयी है
वह ब्रिटिश घड़ी
जो कभी टावर पर
दूर से चमकती थी–
बिल्ली की आँखों–सी।
सारी दुनिया देखती थी उठा गर्दन

इतिहास क्या वक़्त दर्ज कर रहा है।
दिल्ली में भी जाने कितने हैं
घण्टाघर।
ऐन उनकी नाक के नीचे
एक कालातीत घेरे में
दोने में बिकती हैं
हींग की कचौड़ियाँ
ठोंगों में बिकता है भूँजा,
और एक बच्चा
बटोरता है कूड़ा।
मारता है मन्तर फिर
ढेले पर ज़ोर–से
कि बन सके तो बन जाये वही
रूई की मिठाई।
बावजूद मन्तर के ढेला, आख़िर क्यों है ढेला...
यही सोचता–सोचता
अन्त में थककर
सो जाता है बच्चा!
यही देखते–देखते
रुक जाती हैं घड़ियाँ
सारी दुनिया की–
जैसे रुक जाती हैं साँसें
ज्वार से पहले समन्दर की,
और कलन्दर की–
इल्हाम के पहले।

## मेरा जूता है जापानी

बहुत समय पहले की बात!
तब मैं शहर में नयी आयी थी
सीधा उस पाताल से जहाँ बौने
लग्गी से तोड़ते हैं बैंगन,
चढ़ जाते हैं देखते–देखते
चने की झाड़ पर!
हील पर टँगा था शहर।
जो जहाँ था, हील पर ही था
यानी पहुँच के परे–
हील पर थी देश की संसद,
हील पर ही विश्वविद्यालय,
हील पर और व्हील पर ही था सारा बाज़ार,
हील पर ही थे देवालय!
सदियों उचकती रही एड़ियों पर,
फिर भी पहुँच के परे था सब, और
लचकने का नाम ही नहीं लेती थी कोई डाल,
अंगूर खट्टे थे, चरपरे सारे एहसास!
फिर एक दिन मैंने हिम्मत की
और रिडक्शन सेल में
बड़ी हील वाले
वे जापानी जूते ख़रीदे!

"मेरा जूता है जापानी–''
गाने–गाने को हुई,
पर जल्दी रोक लिया ख़ुद को!
'औरत हूँ, बीच सड़क मेरा यह गाना
'आ बैल, मुझे मार' का हो न जाये
दावतनामा!'
कुछ देर तो
नये जूतों में मैं
सिंड्रेला–सी उड़ी!
एफिल टावर, कंचनजंघा और रामगिरि!
लाँघ गयी
इतिहास–मिथकों की सब गलियाँ
सब ठीक था जब हवा में थी
लेकिन जब धरती पर उतरी तो
पाँच क़दम चलते ही
डगमगा गयी!
टूट गयी एड़ी,
बैठ गयी धम से वहीं!
लाहौल विला कुवत, ये हाईहील
जातियों की
नस्लों की,
हाई–फाई सब समाजों की!
आश्वस्त हूँ अब तो–
अच्छा है मेरा वह कोल्हापुरी समतल ही!

## द्वार छेंकाई

दसद्वारा रंगमहल!
द्वार छेंक
आँखों पर झिल्लियाँ पड़ी हैं,
कानों में अनुगूँजें
और होंठों पर पपड़ियाँ!
अन्दर नहीं आने देंगी वे आस्वाद
    जीवन का
    जब तक सौगात नहीं
    उनको मिलेगी–
    रुनझुन–सी
    फुर्सत की!
किसी शाम
ढाबे पर
पीपल के नीचे
दिन–भर के घमाये–तमाये
गिलहरियाँ, गौरैयाँ, नेवले,
हल–फावड़े,
पंक्चर पहिए
आपस में सुख–दुख बतियाते
पसरे हों जब–
धरती पर पेट के बल लेटे पत्ते उठें

और पूछें–
'कुछ और चाहिए क्या?'
तो तुम हिलाना सर,
''आदमी को इससे ज़्यादा क्या चाहिए–
सर टिकाने को जगह,
साँस–भर इज़ाफ़ा,
थोड़ा–सा हँसमुख उजास
और खटतुरूस–से वे
दोना–भर एहसास!
इतना–भर हो तो
सरदर्द मिटे–
डिस्प्रिन की टिकिया–सा
घुल जाये चाँद
भीतर के इन पानियों में,
सारी आनी–बानियों में।''

# नींद

नींद वही बूँद है शहद की
जिसे लोकना चाहती है
मृत्युमुखी व्यक्ति की जिह्वा
    उस डाल के छत्ते से सीधा
    जो टूट सकती है या
    छूट सकती है हाथों से
    कभी भी, किसी क्षण!
    फिर क्या, कुएँ में छपाक!
हर रात
नींद की यही बूँद बचती है होंठों पर
पल–दो पल
और फिर वही एक एहसास–
    अन्धे कुएँ में छपाक!
अन्धे कुएँ के उधर क्या है?
सोता है जलते हुए खेत की धाह में हरखू,
'पूस की रात' अकबकाती है!
झिपी चली जाती हैं आँखें तो सोचता है वो ये मन–ही–मन
    "कल की तो कल देखी जायेगी, सो लें अभी!
    कैसी अजब झुरझुरी है।
    मेरी चमड़ी मुझको पूरी नहीं पड़ती!"
उसके भी आगे

सदियों की नींद ओढ़
सोयी अहल्या–
पथरायी हैं उसकी आँखें!
खुलना नहीं चाहतीं :
देखने को अब बचा क्या है,
'देख तेरी दुनिया, साधो,
देखी तेरी दुनिया।'
चट्टानों के बीच जैसे नदी बहती है,
पाषाण को भी हँसी आ ही जाती है कभी–कभी!
उसके भी कुछ आगे
एक साँवली स्त्री
'निदारूपेण संस्थिता'
अपनी गोदी में सुलाती है
दुनिया के सारे थके–हारे
क़िस्मत के मारे हुओं को।
नींद एक मीठी–सी झप्पी है
झूठ और सच के उन
जुड़वाँ एहसासों के बीच
जो जेमिनी फ़िल्मों के आइकन
उन गदबदे बच्चों के पोज़ में
पीठ जोड़कर दो दिशाओं में
बिगुल–सा बजाते हुए दीखते हैं छायापट पर
फ़िल्म शुरू होने के पहले!

## तादात्म्य

**(दीमकों की जुठाई एक क्लासिक ज़ीरॉक्स कराते हुए)**

जिस्म की जिल्द चढ़ी है मुझ पर,
कितनी मसरूफ़ दीमकें हैं यहाँ!
अपनी झोली में मुझको भरके निकल!'
रास्ते में कहीं उलट लेना!
फुर्सतें बाल–बुतरुओं की तरह मिलती हैं–
नन्ही–मुन्नी, तुनुक, छनक–छटपट!
सोच भी मत कभी तसल्ली से
रात लम्बी कटेगी बेकरवट!
एक छायाप्रति हूँ मैं, भैया–
हूँ मगर एक बड़े क्लासिक का!
शब्द कुछ साफ़ उग नहीं पाये–
दोष ज़ीरॉक्स का कि लेखक का?
आँख तुझको गड़ानी होगी मगर
पढ़ जो लेगा तो काम आऊँगी!
सिर्फ़ चालीस पैसे प्रति पन्ना
में तुझे ज़िन्दगी दिखाऊँगी।

## आइसोलेशन वार्ड में पखेरू

वैसे तो रात में पखेरू अमूमन नहीं उड़ते
पर मेरे प्राण के पखेरू झमाझम बरसती हुई रात में ही उड़े।

झमाझम बरस रही थीं जन्मों की संचित स्मृतियाँ।
मौन कसमसाहट में डैने समेट लिए
और वहीं खिड़की पर बैठ गये प्राण पखेरू मेरे।

भीतर का एक दृश्य अद्‌भुत था :
एक आदमी जिसको जानती थी मैं कई सदियों से
किसी पुरोहित के निदेशों पर
डबल मास्क पहने हुए रंग रहा था
मेरे सब नाख़ून
लाल नेलपॉलिश से।
मुझको हँसी आ गयी थी :
अच्छा तो यह होती है व्याप्ति
"सूली ऊपर सेज पिया" की।

दूसरा दृश्य ज़रा मारक था।
पीपीटी किट के भीतर ही फफकते हुए
दोनों बच्चे
देख रहे थे सूनी आँखों से

निष्प्राण देह की कलाई,
उस पर बहुत मान से बाँधी
उनकी ही लायी घड़ी
अपनी ही चाल में चली जा रही थी।
समय देवता है तो शायद इसी ख़ातिर
कि उसको कुछ भी नहीं व्यापता,
वह अपनी रौ में बढ़ा जाता है।

इस महाप्राण देश में वैसे
हर महाभाव देवता है।
कुचिपुडी नृत्य का मुखौटा लगाये
पूरे तैंतीस करोड़ महाभावों का क्या होगा
जो यह दुनिया ही उजड़ जाये
जहाँ रौद्र, वीभत्स और भयानक रस भी लीला में शामिल हैं।
त्रिपुरसुन्दरी का ही एक पक्ष भैरवकाली है,
और ताण्डव भी महारास ही है!
बच्चे कुछ जानते हैं, कुछ नहीं जानते,
धीरे–धीरे लेकिन सब जान जायेंगे।
शहर सिखावे कोतवाली।
"रहना नहीं देस बिराना है" कहते हुए
जो ये मुड़ेंगे कहीं और की ख़ातिर तो यह समझते हुए :
उलटबाँसियों का यह अजब देश,
महँगी हैं सारी दवाएँ, महँगे हैं रामबान
और जान तो सस्ती है :
बाई वन गेट वन फ़्री।

खिड़की पर बैठे हुए प्राणपखेरू मेरे
सोच सोच कर यह विकल हैं
कि इस बार तो ख़ाली हाथ ही

लौट जायेंगे मेरे बच्चे।
लाख चाहकर भी नहीं छान पाऊँगी उनके लिए अब कभी
गुझिया–खजूर–नमकपाड़े–शकरपाड़े
जो वे ले जाने में कितने नखरे करते थे
लेकिन फिर फ़ोन लगाकर कहते थे–
"सब–कुछ ग़ज़ब ही बना था, माँ।
दोस्तों ने मज़े से खाया मिलकर,
कुछ कपाड़े बचा भी लिए,
देर रात पढ़ते हुए अगर भूख लगे,
बहुत काम आते हैं ये।"

अकुलाकर इस बात पर
गर्दन घुमाकर
बाहर ही देखने लगे
प्राणपखेरू मेरे।

झिमिर–झिमिर बरस रही थीं सारी स्मृतियाँ
कई–कई जन्मों से संचित।
क़यामत के दिन आ गये थे न–
दूर वहाँ पापा खड़े थे
वो ही ओवकोट पहने हुए
जिसमें छुपाकर मुझे मेरी ज़िद पर
तेज़ ज्वर में माँ से नज़रें बचाकर
आँधी दिखाने वे ले आये थे बाहर।
पूरा समाँ याद है अब तक।

सब–कुछ उड़ा जा रहा था
उस प्रचण्ड आँधी में :
सारे सन्ताप, भय सारे।

जो शब्द मैंने उचारे थे या भीतर धारे थे–
सूखे पत्तों जैसे उड़े जा रहे थे
अनन्त की तरफ़
कि अचानक
बरस गया पानी हहरकर
और जहाँ जो था, वह बैठ गया
खुद में सिमटकर
जैसे कि बैठे हैं बीच रास्ते
प्राण पखेरू मेरे
टुकुर–टुकुर देखते हुए
दुनिया के सारे तमाशे।

निगमबोध घाट पर लिखा है :
"आप यहाँ तक लेकर आये, बहुत शुक्रिया,
आगे हम खुद ही चले जायेंगे।"
पर मेरे साथ चिता पर मेरी
सात–आठ लोग जले :
एक पर एक धरे थे अपने शव जैसे,
देह नहीं थे, हम भी लकड़ी के कुंदे थे।
हम सबकी मिलती–जुलती थीं कहानियाँ :
आख्यानों के और गपशप के इस देश में
हम एक धारावाहिक–सी कहानी ही थे।

जितनी तेज़ी से लपटें धधक रही थीं,
उतनी ही सुस्ती से धुआँ उठ रहा था–
बार–बार वापस पलटता हुआ
उन बान्धवों तक जिन्हें जीवन वापस पुकार रहा था
और जो श्मशान से बाहर जाने की जल्दी में थे–
घर–दफ़्तर–जलसाघर।

यह एक खण्ड प्रलय था शायद हमारे लिए
और अभिधा–व्यंजना–दोनों में नानी याद आ रही थी,
नानी जो कहती थी कि प्रलय के बाद की
पहली सुबह जो होती है–
उसमें धुएँ की साड़ी पहने
आती है माता धूमावती
और वही चुनती हैं आँचल में
जलने से बची रह गयीं हड्डियाँ
यानी फूल चिता के।

आकाशगंगा में जो बह रहे हैं–
कुछ तो सितारे हैं,
कुछ फॉसफोरस के वही फूल हैं
और थोड़ी–सी स्मृतियाँ हैं :
मरघट–वैराग्य की घड़ी
जो लोगों के चित्त में
कुछ देर भभककर जले।

# वर्किंग विमेंस हॉस्टल

*(देवियों, भक्त कवियों, दस महाविद्याओं*
*और नयी लड़कियों का साझा निवास)*

## वर्किंग विमेंस हॉस्टल : ढाबा

नयी–नयी आयी थी अभिरूपा
वर्किंग विमेंस हॉस्टल में!
फिर बॉस से हुई थी चख–चुख,
तमतमाई बैठी थी ढाबे की बेंच पर!
परिचय जो पूछा किसी ने तो बोली तमककर–
"भूलभुलैया हूँ पूरी–की–पूरी!
एक तरफ़ से खुलती हूँ
तो मुँदती हूँ पचपन तरफ़ से!
एक ओर आग से ढँकी हूँ
और दूसरी ओर नीली बरफ़ से!
मेरा कुछ हो ही नहीं सकता,
मैं अपने ही ख़िलाफ़ बैठी पंचायत हूँ।
आयतें कहती हैं–अलग वर्ग है इसका
और वर्ग कहते हैं–एक ठस्स आयत हूँ!
अलग पाँत है मेरी,
अलग जात है मेरी,
फिर भी समझने के लायक हूँ!
गायक हूँ महाशून्य का–
शून्य से शून्य घटा–
शून्य बचा!"
पूछने वाली भी पछताई–

कहाँ से कहाँ परिचय पूछा,
यह तो पगलिया है पूरी!
जाने को जैसे मुड़ी
उसने कन्धा पकड़ लिया,
उसी तरह आवेग में बोली–
"पूछा है तो जान लो,
उठकर कहाँ चल दी?
आकाश हूँ धुला हुआ,
एक दरीचा आधा खुला हुआ!
एक परिन्दा पंख धीरे जो उठा रहा है
और दूसरा पंख संशय में खुजा रहा है!
माफ़ नहीं करने की सुविधा हूँ,
माफ़ कर देने के एक मिनट पहले की दुविधा हूँ!
क्या जाने क्या होने वाला है,
मन ही आफ़त का परकाला है।"
रोज़ सुबह आ जाता है फ़ोन माँ का–
"बिटिया, तुझे कोई काहे पसन्द नहीं आता।
इतने रिश्ते भेजे, सबको नकारा,
कोई तो चाहिए सबको सहारा!
कैसे समझाऊँ अब माँ को–
वर्किंग विमेंस हॉस्टल की हम सब औरतें
ढूँढ़ती ही रह गयीं कोई ऐसा
जिसे देख मन में जगे प्रेम का हौसला!
लोग मिले पर कैसे–कैसे–
ज्ञानी नहीं, पण्डिताऊ,
वफ़ादार नहीं, दुमहिलाऊ,
साहसी नहीं, केवल झगड़ालू,
दृढ़प्रतिज्ञ कहाँ, सिर्फ़ ज़िद्दी,
भीतर से पिद्दी!

प्रभावी नहीं, सिर्फ़ हावी,
दोस्त नहीं, मालिक,
सामाजिक नहीं, सिर्फ़ एकान्तभीरू,
धार्मिक नहीं, केवल कट्टर,
कटकटाकर हरदम पड़ जाते जो
अपने सब प्रतिपक्षियों पर,
प्रतिपक्षी जो आख़िर पक्षी ही थे,
उन–से ही थे उनके नुचे हुए पंख
और चोंच घायल!
ऐसों से क्या खाकर करतीं हम प्यार,
 रोज़ जिन्हें माफ़ करना होता
जुगत भिड़ाकर सात बार?
सो अपनी वरमाला
अपनी ही चोटी में गूँथी
और कहा ख़ुद से–
'एकोऽहं बहुस्याम्'
वो देखो–
ढाबे में प्याले ढोता
 अपना नन्हा घनश्याम!
 उसको ही गोद लिया है
वर्किंग विमेंस हॉस्टल की
हम सब लड़कियों ने!
आत्मा की कोख भी एक होती है, है न?
तो आओ धारण करें
एक नयी सृष्टि की हम कल्पना–
जहाँ ज्ञान संज्ञान हुआ करे,
साहस सद्भावना!"
ऐसी नौटंकी पर
कौन नहीं हँस पड़ता?

एक कौंध में हो गयी दोस्ती
अनजान लड़की से
अभिरूपा की,
और दोनों मिलकर हँस पड़ीं–
वर्किंग विमेंस हॉस्टल–गेट का
वह बूढ़ा बरगद भी हँसने लगा
एक साथ चटक गये फूल कई गमलों में
और सात सुग्गे उड़े
दूर आकाश में कहीं,
जैसे कि हों
मन्त्र के सात अक्षर,
'आमीन,
ऐसा ही हो!'

# इंटरव्यू : कमरा संख्या बी 55

बीच में मेरे और उनके
एक मेज़ है गोल शीशे की!
उस शीशे में मेरी फटी कुहनियाँ
बावन हिस्सों में चकनाचूर परछाइयाँ बनकर
थरथरा रही हैं!
बार–बार मेरी नज़रें झुक जाती हैं,
टिक जाती हैं चप्पल पर!
कोल्हापुरी चप्पलें कमला नगर से ख़रीदी थीं–
चप्पल पर कीचड़ है–
महाचकाचक फ़र्श का वो मज़ा
किरकिरा कर रही है :
स्वभाव से किरकिरी,
प्यारी पर ज़रा सिरफिरी
यह कीचड़
मुँह पर मल दी जायेगी मेरे
यदि नौकरी न मिली
बारहवें इंटरव्यू के बाद भी।
इंटरव्यू–बाबा रे,
    मेरी अन्तर्वीक्षा!
वो जो बैठी है न–
देवसभा–

मेज़ के दूसरी तरफ़–
क्या इसमें धीरज है
मेरे भीतर झाँकने का?
कैसे मैं कर लूँ विश्वास–
ये अच्छे अन्वेषक हैं,
    पुरातत्त्ववेत्ता
        जो बोर्ड–मेम्बर को होना ही चाहिए!
मुझको नहीं लगता
    मेरा ख़ज़ाना ये
धीरे–धीरे कोड़कर बाहर ला पायेंगे,
उद्घाटित कर पायेंगे
    मुझमें छिपी हुई
    आठ सिद्धियाँ और नौ निधियाँ!
मुझको तो चाय भी नहीं पूछी!
आराम से चाय पिये जा रहे हैं
अकेले–अकेले
मुझसे बिना पूछे
    कि तुम पियोगी क्या,
    लो, इतना थरथरा रही हो
    तो एक घूँट पी ही लो!
मुझको नहीं लगता
कि ये सब मुझसे मिलेंगे
जैसे मिलना चाहिए
आदमी को आदमी से,
या बकौल पोरस,
राजा को राजा से!

काजू खाते–खाते,
ये मुझको जाँच रहे हैं,
जाँच रहे हैं मुँह पर
ऐसी हिकारत लिए जैसे
बन्दर जाँचा करते हैं नारियल–
दूर उठाकर फेंक देने के पहले!

## शीरो : कमरा संख्या ए 17

आदाब, मैं राबिया अनवर!
मुझको पहचाना नहीं क्या, सर?
क्या इतना बदल गया है
    मेरा चेहरा?
ग़ौर से देखिए ज़रा—
इस चेहरे पर छपा है
आपकी ही दुनिया का नक़्शा!
तेज़ाब फेंका गया मेरे मुँह पर
    दंगे में पिछले बरस,
लेकिन मैं ठीक—ठाक हूँ,
मेरा काम चल रहा है!
मैं अच्छी दर्ज़िन हूँ।
फटने नहीं देती कपड़ों की छाती।
चाक गिरेबाँ सिलाना है तो आयें,
    हाथ साफ़ है मेरा,
वैसे तो किरदार भी साफ़ है लेकिन
उड़ती ही रहती हैं अफ़वाहें
    मेरे विषय में—
इधर—उधर उड़ती हुई कतरनों—जैसी
    रंगीन अफ़वाहें—
मैं उनको यों ही बुहारकर

एक थैली में जमा करती जाती हूँ!
अक्सर तो उनकी लग जाती है चिप्पी,
कभी–कभी फूलदार पैचवर्क ओढ़नी बनाती हूँ
इन कतरनों की ही।
जो बातें मुझको चुभ जाती हैं,
मैं उनकी सुई बना लेती हूँ।
चुभी हुई बातों की ही सुई से मैंने
टाँके हैं फूल सभी धरती पर,
हरे–भरे सारे नज़ारे,
आसमान के ये सितारे!
मुझसे ही टँकवाये थे उस ख़ुदा ने,
मेरा पुराना मेहरबान है वो ख़ुदा,
सच पूछिए तो है मेरा
इकलौता आशिक़ वही,
बाक़ी तो सब बाल–बुतरू हैं,
मैं उनकी चिल्ल–पों पर कान नहीं धरती,
रहती हूँ मस्त और किसी से नहीं डरती!

## सरस्वती : कमरा संख्या बी 13

बहुत दिनों तक वह अदृश्य ही बही,
गंगा–जमुना से भी कटी–कटी!
युद्धक्लान्त, आतंकविह्वल इस दुनिया का
रक्तकीच धोती हुई
इतनी ज़्यादा थक गयी थी वह,
उसने डुबकी ले ली
अपने ही भीतर!
अन्तःसलिला जो भी ज्ञान की, संज्ञान की
बहती है आपकी नसों में,
है वह सरस्वती ही!
अज्ञातवासिनी नदी
मज़े–मज़े में बहती है हरदम
अकेली–अकेली!
एक देह है, वैसे, उसकी
जिसको वह वल्कल वस्त्रों–जैसा
टाँग गयी थी ऊँचे पीपल पर!
जब आधी रात को पुकारती है
चीख़ बेकस की,
सरस्वती रुक जाती है बहती–बहती!
रुककर पहन लेती है देह वापस
और चली जाती है चीख़ की तरफ़!

छानती है ख़ाक गलियों की
झोंपड़पट्टी में कभी, कभी युद्ध–मैदान में
बेकस के दुःख के निवारण में तल्लीन
तरह–तरह के उपक्रम साधती हुई!
पुस्तकालय में सबसे पीछे की बेंच पर
वह जो चश्मुदीन लड़की है ग्रन्थों में डूबी हुई–
देखिए ज़रा ग़ौर से, वह है सरस्वती।
शब्दों के फूल चुन रही है वह,
जीवन–भर उसने ये फूल ही चुने हैं
और उन्हें गूँथा है
चुप्पी के धागे में!
इनकी ही वरमाला
उसने बनाई थी कभी,
और एकान्त के गले में
पहनाई थी!
बंसी तो अद्‌भुत बजाता है एकान्त,
चैन की बंसी।
कोई संकल्प नहीं,
कोई भी एषणा नहीं,
बस एक मीठी–सी धुन है
जो दोनों के बीच
कल–कल, छल–छल बहती है!
ऐसी ही है अपनी
सरस्वती!

## जनाबाई : कमरा संख्या बी 27

*(वर्किंग विमेंस हॉस्टल की भक्त कवि,*
*स्त्री भक्त कवियों से अन्तःपाठीय गपशप)*

हे माधव, देखो न–
कितने तो काम धरे हैं सर पर,
इतना आटा गूँधना है अभी,
इतने कपड़े कूटने हैं,
कम्प्यूटर हैंग कर गया है,
    पूरी करनी है असाइनमेंट,
कल बोर्ड–मीटिंग भी है,
    ब्रीफ़केस में रखने हैं कपड़े!
हे माधव,
कैलेंडर से झाँकते रहते हो दिन–भर,
छोह नहीं होता तुम्हें!
माई के भेजे हुए हो,
हाथ बँटा दो ज़रा–सा
या फिर तुम हेर दो जुएँ ही ज़रा,
कुछ तो करो, कुछ करो!
ऐसे तो टुकुर–टुकुर मत देखो।

## अण्डाल : कमरा संख्या डी 27

व्यर्थ है मेरा सिंगार, रूप–यौवन
उस दूध की तरह
जो न दूहा गया, न चूसा!
चुपुर–चुपुर बछड़ा ही पी जाता,
या बाल्टी में भरा जाता
तो उसकी हो पाती कोई वकत!

सात पाँच पर मुझको चैनल से
बाँचने होंगे समाचार,
उन समाचारों में दूर तक नहीं होगा
मेरे दिल, मेरे घर या मुहल्ले का हाल–चाल!
ये देखो, सामने की लट ही चाँदी हुई,
चाँद के क्लिप से सिमटती नहीं,
रह–रहकर आ जाती है बाहर!
देख रहा है आम का पत्ता
    खिड़की पर झुका हुआ–
भरी हुई है पूरी डाली
    मादक मंजरियों से,
साँवले ये आम के पत्ते
मता गये हैं इन मंजरियों से!
जल्दी ही इनको भी
    पतझड़ चबा जायेगा!

## अक्क महादेवी : कमरा संख्या बी 22

सत्ता वसूलेगी कर
धन–वन पर, धरती पर,
लेकिन लगायेगी कैसे लगान
रूप पर या गन्ध पर?
    क्या करना है वस्त्र का मुझको,
    एक दुशाला मुझको
    उढ़ा गया है नूर का जो,
    जानेगा मुझको तो केवल वो!
और कोई देख भी नहीं पायेगा–
कितनी भी टकटकी लगाकर
    बैठा रहे!

## मीराबाई : कमरा संख्या ए 25

सन्तन ढिंग बैठि–बैठि...
वे सन्त थे या नहीं–मैं नहीं जानती,
पर मैं उनके बीच बैठी उन्हें
सन्त ही समझ के!
ये ही समझ के
    कि वे सन्त हैं,
संग उनके बैठके
    खुल जायेंगे
    सृष्टि के
            सारे रहस्य,
    मैं उनके गोलट में जा बैठी!
लोग हँसे!
    लोकलाज घर की चाबी थी,
    घर पर ही छूट गयी!
भीतर जो धुन बज रही थी,
    मुझे बस वही अब सुनाई देती थी!
वे क्या बोले–अब यह याद भी नहीं!
    धीरे–धीरे ढँक गये
    शब्द
    उनके उचारे हुए
    बादलों से!

बादल जो घनश्याम ही थे–
धीरे–धीरे मुझको घेर ले गये
    सूली–ऊपर बादलों में ही तो
    सेज पिया की थी।

## सीता : कमरा संख्या बी 55

*(उत्तरकाण्ड)*

जिस रात पूरा किया उत्तरकाण्ड,
तीसरे पहर तक नींद नहीं आयी,
फिर झुटपुटे में दो अजब स्वप्न दिखाई दिये!
पहले में देखा कि
भेज चुकी हैं अपने लव–कुश को सीता
एक नयी दुनिया में
और बैठी हैं अकेली!
मिथिला से कोई नहीं आया है
पर धरती माई तो अँचरा पसारे खड़ी हैं!
बेटी के दुख से फटी चली जाती है
धरती की छाती, पर सीता निश्चिन्त बैठी हैं,
माँ को समझाती हुई–
"लव–कुश की तरह ही सदा
जुड़वाँ पैदा होते हैं दुख–सुख,
अकेलेपन के अपने मज़े हैं
और वार्धक्य के भी!"
दूसरे में दीखा–
एक पाठशाला–सी चला रही हैं सीता
जंगल में।

युद्ध में अनाथ हुए
दानव–शिशुओं पर ममता बरसाती हुई कह रही हैं–
'शिक्षा ही एकमात्र महासमर है
दुर्वृत्तियाँ जीतने लायक, मुक्त तो वही है जो मुक्त करे!'

## महाश्वेता देवी : कमरा संख्या सी 155

वे आये
तरह–तरह की चालें चलते हुए–
बत्तख की चाल, कभी शकुनि की,
और कभी आये तो
अश्वमेध के घोड़ों की
तुरुप चाल चलते हुए!
    कभी–कभी चुपके से आये
    और कभी लाव–लश्कर के साथ
    जैसे कि आता है होटल से बस्ती में
    बचा हुआ खाना
    सड़ चुकने के थोड़ा पहले!
कभी–कभी आये
तो लजाए–लजाए
और कभी यों ख़ुद पर इतराते हुए
जैसे कि आता है सरकारी मुआवज़ा
    दंगे में बेमौत मारे गये
    मासूम लोगों के घर!
विश्वविजय उनको मुबारक

जो विश्वविजय चाहते हों,
हम तो भाई दिलों पर राज करने को
दुनिया में आये,
आये जैसे आ जाती है हँसी
झुठलाती दुनिया की हर धमकी!

## काली : कमरा संख्या 007

*वर्किंग विमेंस हॉस्टल की दस महाविद्याएँ :*
*अन्तःपाठीय गपशप तन्त्र से*

ढाका की बस में तुम्हें
देखा था पहली दफा!
कंडक्टर माँग रहा था पैसे
जिस साँवली लड़की से,
वह कह रही थी थके स्वर में–
"नहीं है रुपैया!
    जो करना है, कर ले!
लेकिन हाँ, देर नहीं करना,
जल्दी निबटना
वक़्त नहीं पास मेरे!
अस्पताल जाना है,
माँ मर रही है,
बच्चे बेआसरा हैं ...
चाहे तो बाक़ी लगा ले,
    लौटते वक़्त के लिए!"
"कल किसने देखा है?"–
कहता हुआ
कंडक्टर उतर गया बस से!
उसके पीछे उतरी लड़की

तेज़–तेज़ चलती हुई,
पोंछती पसीना,
साड़ी ढीली करती!
चाय के ढाबे पर
जब तक उन यात्रियों ने चाय पी,
झाड़ियों के पीछे से
आ गये दोनों वापस!
सीट पर धम्म बैठता,
गुटखा गटकता
बोला कंडक्टर–
"एक बस टिकट के बराबर भी
तुझमें अब कुछ नहीं बचा,
जा, तू यहीं पर उतर जा!"
इतना सुनना था कि वह लपकी,
पलक झपकते उसमें प्रकट हो गयी काली,
जैसे कि चकमक पत्थर से चिनगारी!
छितरा गया जूड़ा,
दुबली–पतली पीठ पर
हहरकर खुली केशराशि
बिजली की फुरती से
उसने उसे धर दबोचा,
"चल,
चलता है कि नहीं?"
कुछ उसने ऐसे कहा
कि ड्राइवर डर गया,
धीरे से उसने बढ़ा दी बस!
लोग हँसे–
"रोके रुका है कब
पहिया भला काल का ...

काल के परे है बस काली,
हद–बेहद–दोनों के पार
जो कि प्रकट होती है सहसा ऐसे ही
जैसे कि पहली लपट
सृष्टि की!"

## तारा : कमरा संख्या ए 9

तुम वाक् हो,
भाषा के चारों आयाम हैं तुम्हारे,
कल्पना करती हूँ
चारों आयामों में
मैं जो तुम्हारी,
साफ़ दीखता है मुझे–
पायल है वैखरी, चूड़ामणि है परा!
और दो पयोधर तुम्हारे हैं
पश्यन्ती–मध्यमा,
आधे प्रकट, आधे ढँके हुए
आँचल में।
उनसे ही दूध पिलाया था तुमने
गरलदग्ध शिव को,
यह हमने सविता चाची से सुना था
जो बामा खेपा के गाँव की थीं–
दूसरों का विष जो पीते हैं,
वे तुम्हारे आँचल के आसरे ही
मदमस्त जीते हैं।
सविता चाची का क़िस्सा यह है–
धरना देती बैठ जातीं वे
अपनी तारा–माँ के आगे,
बक–झक करतीं उनसे ही

और किसी से कुछ नहीं कहतीं!
उसी मातृछवि का प्रभाव
इतना गहरा था उनके मन पर
कि उन्होंने अपने पति–समेत
दुनिया के सब मर्दों को
गरलदग्ध बच्चा ही समझा जीवन–भर!
कोई अगर
आनी–बानी बोल देता
तो भी यही कहतीं हँसकर–
"इनसे क्या लड़ना,
ये बालबुद्धि बेचारे,
मैं तो लडूँगी ठिकाने से उससे
जो द्युति में होगा मेरे बराबर!"
इतने युग बीत गये,
तारा की बेटियाँ,
इन्तज़ार में ही हैं अब तक सनातन पुरुष के
जो उनकी टक्कर का हो,
बात–बात में जिसकी फूँ नहीं सरकती हो,
बात–बात में जो अकड़ता न हो।
धीरज, सहिष्णुता, क्षमा और ममता का सागर,
भाषा का जादूगर, हँसमुख–सा लीलाधर,
तात्त्विक विभव का नियन्ता
और दिलों के बीच के सारे
टूटे पुलों का अभियन्ता!

## त्रिपुरसुन्दरी : कमरा संख्या ए 10

"एक धुर ज़मीन नहीं पाँवों के नीचे
    जिसको वे मान सकें अपना,
    सर पर कहीं कोई छत भी नहीं,
    पर भाव से
    अभाव का नाता
    इतना गहरा है–
    तीनों पुर उनके हैं,
और वे त्रिपुर सुन्दरी!
    तीन पुरों की वे ही सौन्दर्य लहरी :
    वे जो ईंटें ढो रही हैं,
    घर बना रही हैं दूसरों का–
    उन पर बँधी टिकटिकी सबकी,
श्रम का सौन्दर्य है अटल,
उससे स्पन्दित हैं तीन लोक,
    इसीलिए तीनों पुर उनके हैं,"
नानी बोली!
"तीन पुर?
    कौन–से भला?"
मैंने जब पूछा, वो बोली–
"तीन लोक यानी कि तीन लोक मानस के,
कहो इसे–ज्ञान, इच्छा और क्रिया

या जागृति, स्वप्न, तुरीय,
भू, भुवः स्व या कि स्वर्ग–नरक–
सब अवस्थाएँ हैं चित्त की!"
  इस पर मैं सोचने लगी–
"सृष्टि हमारे यहाँ है
  एक प्रतीक–जड़ित कविता!
  हर देवता एक महाभाव है
          मूर्तिमान!
और भाषा है अमावट–
  क्या जाने कितनी परतें हैं भाषा की!"
सोच में मगन देखकर मुझको
  नानी बोली हँसकर
"तीनों लोकों में
  एक ही तरंग व्याप्त है, बिटिया,
अव्यक्त सौन्दर्य की!"
"अव्यक्त?"
"जब तक कि पूरी तरह नहीं खिलें
  सारी सम्भावनाएँ,
  सौन्दर्य सम्भावना ही तो होगी!"
"और मूर्ति में जो चौकी है–
उसके पायों पर ये चार पुरुष
और एक आसन पर विद्यमान,
  इसका मतलब क्या है?"
"पंचतत्त्व रूपायित
  पाँच तरह के पुरुषों में–
चेतना हमारी
  इन्हीं पर तो आरूढ़ है।
यही चेतना का है पंचासन!
  पाँच ग्रन्थियाँ भी हैं

भीतर हमारे
पाँच सीढ़ियों की तरह
जिस पर रुनझुन–रुनझुन चलती हुई
चेतना–
अपने अनन्त तक चली जाती है
अपने सर्वोत्तम से मिलने।"
"अच्छा तो
बाहर–भीतर
–दोनों में व्याप्त
जो भी सनातन है–
पाँचों तत्त्वों में अभिव्यक्त–
वो ही हैं पंचपुरुष
जिस पर कि आरूढ़
है चेतना रूप की?"
"हाँ, और क्या?
क्षिति–जल–पावक–गगन–समीरा–
उसका ही है यह अनन्त सिलसिला!
मिट्टी है ब्रह्मा,
विष्णु जल और रुद्र पावक
महेश्वर प्राणवायु और
सदाशिव आकाश!"
"सौन्दर्य अन्तर्निहित है,
अभिव्यक्त बाहर भी?"
"चेतना सौन्दर्य की
सर्वस्व जब व्याप्त होती है,
घटती है मुक्ति तभी!"
"'जित देखौं तित लाल' का मतलब भी
ये ही है, नानी?"
इस पर नानी कुछ नहीं बोली,

चुप मुझको देखती रही।
एकटक देखती हुई नानी
ख़ुद लग रही थी त्रिपुर सुन्दरी।
उसकी इस दीठ में कोई बात तो थी ही!
दृष्टि मेरी बदल गयी–
मेहनतकश हर औरत
दीखने लगी मुझको
सौन्दर्य की देवी
सर्जन/निर्माण/कल्पना में पगी!
पतली–सी डोरी पर
ज्ञान–क्रिया और इच्छा की
सन्तुलन साधती हुई बढ़ती
एक नटी,
सर पर ईंटें
और गोदी में बच्चा–
सधे हुए क़दमों से
नापती हुई रस्ता।
जहाँ–जहाँ सन्तुलन था–
त्रिपुर सुन्दरी का
वैभव वहीं था!
पर जिनकी आँखों में
पूर्वग्रह का मोतियाबिन्द था–
उनको दीखता नहीं था,
जिनका सर भिड़ का छत्ता था–
वह झुकता नहीं था!

## भुवनेश्वरी : कमरा संख्या ए 11

आकाश के रूप में
स्पेस की व्याख्या
करती थी भौतिकी की शिक्षिका।
दो अणुओं के बीच जो व्याप्त है,
वो ही गेलेटिक स्पेस तो
आकाश है।
भीतर हमारे और बाहर भी ये ही—
आर्ष ग्रन्थ इसको ही कहते हैं भुवनेश्वरी।
बाहर का आकाश
    भीतर जब गले मिले
और एक हो जायें दोनों तो
    निर्बन्ध हो जाती है चेतना—
    ये ही कहते हैं जोगी!
"भुवनेश्वरी मतलब वह चेतना
    जो तेरा–मेरा नहीं करती?
सब कुछ सभी का है—
    मार्क्स की तरह मानती है ये देवी?"
मैंने जो पूछा,
    वो हँसने लगी,
"जैसे समझना है, वैसे समझ लो,

बात मगर यह
सोलह आने सच्ची–
मुक्ति है निस्सीमता ही
–तेरा–मेरा
तू–तू, मैं–मैं की
हदबन्दियाँ लाँघती!

## भैरवी : कमरा संख्या ए 12

"धूँ–धूँ जलाती हुई
    तेरा–मेरा–सब कुछ
चित्त में हमारे सुलग उठती है
जो लपट चेतना की–
वो ही तो है भैरवी,"
भैरवी ने कहा!
"चित्त में पावक है,
    आकाश में बिजली–
हाँ, ये ही हैं भैरवी!
    जो पल में
    कर देती है कायाकल्प–
    स्फुलिंग वह चेतना की
    वही भैरवी!"
    अपना परिचय
    भैरवी भट्ट
    हँसती हुई
    सबको ऐसे ही देती
    उस वक़्त से जब वह
    छात्र–संघ का चुनाव
    जीती थी
    सत्रह हज़ार मार्जिन से!

## छिन्नमस्ता : कमरा संख्या ए 13

"ख़ुद अपना सिर काट
अपने ही हाथों में लिए खड़ी
    यह मूर्ति?"
"है विचारों का भँवर आदिग्रन्थि
दो भँवों के बीच की,
सब विचार
अहंकार के चारों ओर ही
लगाते हैं चक्कर,
अगर–मगर करता है सर ही–
एक झटके में इसे भेदकर
    एकदम से
    लपक जाती है चेतना
    ब्रह्माण्ड में
    सर्वोच्च शिखर तक,"
"तो प्रतीक है यह भी?"
"तीन ग्रन्थियाँ भेद देती हैं चेतना
    आवेग में उठकर
    और आपके भीतर
    जो अनन्त सागर है–
    उसकी लहरें
    बाँहों में भरकर

लाँघ जाती हैं क्षितिज!"
"और कौन–सी ग्रन्थियाँ हैं ये?"
"तुमने देखा होगा,
नवदीक्षित बहुत बोलते हैं,
ज़्यादा छलकती है
आधा ही भरी हुई मटकी!
शब्द–मोह पहली है ग्रन्थि!
घर से निकलते ही
यही ब्रह्मग्रन्थि पकड़ती है।
दूर तक घेरती है ये ही ग्रन्थि।"
"दूसरी वाली का नाम विष्णु ग्रन्थि है
जिसका कि वास है हृदय में–
भावनाओं में बहाती है,
भावों में डूबते–उतराते जाने का
अपना ही सुख है!"
"तो क्या इस ग्रन्थि से मुक्ति बेहद कठिन है?"
"सुख का दुमछल्ला है दुख–
सुख होगा तो दुख भी होगा ही–
पहुँचना वहाँ होता है
जहाँ कुछ नहीं घेरता है–
सुख भी नहीं और दुख भी–
सुख–दुख के बीच एक
झिलमिल प्रदेश है जहाँ
आनन्द रहता है–
चेतना का घर वही है,
वहीं पहुँचना होता है।
उस घर तक
कोई सीढ़ियाँ चढ़कर जाता नहीं है,
जाता है तो एक झटके में

ऊपर लपककर,
छिन्नमस्ता–भाव में अपना
माथा छपटकर!
घर छोड़ वर का
वरण किया जिसने भी,
वह स्त्री है छिन्नमस्ता!
छिन्नमस्ता
यानी तलवार–सी जो लपकती है
अपने ही पार!"

## पीताम्बरा : कमरा संख्या ए 14

गहन हल्दिया रंग है उसका—वह चेतना की है
वैसी अवस्था
जो कि लगाम खींच लेती है,
एकदम से खींच लेती है वल्गा—
पहिया रुक जाता है काल का,
स्तम्भित हो जाती है सारी सृष्टि!
रुक जाते हैं उसके
दौड़ते हुए घोड़े,
वाणी हो जाती है अवरुद्ध
गहरे पश्चात्ताप में,
स्तब्ध हो जाते हैं सारे
वैरी विचार!

## धूमावती : कमरा संख्या ए 15

एक यज्ञ है यह प्रलय भी।
बुझने लगती है जब
अग्नि प्रलय की—
धीरे—धीरे उठता है
एक चिरायंध धुआँ
और चेतना पर छा जाता है!

धूमावती है
यही अवस्था चेतना की
जब आगे कुछ
साफ़ नहीं दीखता!
जो धुएँ के रंग की साड़ी
पहने हुई
धूमायित आकृति
योगनिद्रा से जगी
खड़ी है वहाँ आँख मलती हुई,
वही चेतना पर छा जाती है!
प्रलय के तुरत बाद
अखिल सृष्टि में बचती है ये ही!
दुर्दिन की मारी
विधवा त्रिविक्रम की—
एक धुमैला एकान्त!

## मातंगी : कमरा संख्या ए 16

मत से मातंगी–
    बुद्ध की सखा, प्रखर दलित नायिका।
अभिमत बनाती है
    चेतना की यह अवस्था–
माणिक की वीणा बजाती हुई
रस्तों पर चलती है गाती हुई,
कन्धों पर सुग्गा लिए,
    जिजीविषा का–
सुग्गा जो मुरझाकर गिर तो सकता है
    कामना के बाण से,
लेकिन उठ बैठता है फिर से!
"केरवा जे फरेला घउद पे–
    ओपर सुआ मँडराए!
सुअवा के मारबई धनुख से,
    सुआ गिरिहें मरुझाय!"
निराहार औरतें
गाती हैं छठ के सब गीत
    इसी के लिए।
मातंगी पर्दा नहीं करती!
पर्दे उठा देती है चेतना के–

रससिद्ध भाषा में लगातार बोलती हुई!
चूँकि यह बोलती है
    अभिमत बनता है इससे ही,
मन्त्रों की देवी, मन्त्रिणी विद्या की,
विद्या बनाती है अभिमत, मत से मातंगी!
जनतन्त्र का
आधार प्रमेय है यही!
'कल्पना करो, एबीसी एक त्रिभुज है,'
कहते थे रेखागणित के सर,
कल्पना आधार है जल्पना का
और कल्पना का स्वातन्त्र्य यही मातंगी!

❐❐